BEI GRIN MACHT SICH WISSEN BEZAHLT

Bibliografische Information der Deutschen Nationalbibliothek:

Die Deutsche Bibliothek verzeichnet diese Publikation in der Deutschen National-bibliografie; detaillierte bibliografische Daten sind im Internet über http://dnb.d-nb.de/ abrufbar.

Impressum:

Copyright © 2015 GRIN Verlag, Open Publishing GmbH
Druck und Bindung: Books on Demand GmbH, Norderstedt Germany
ISBN: 978-3-668-02385-7

Dieses Buch bei GRIN:

http://www.grin.com/de/e-book/303900/elterngeld-als-zukunftssicherung-vergleich-der-nachhaltigen-familienpolitik

Angelo Poletti

Elterngeld als Zukunftssicherung? Vergleich der nach-haltigen Familienpolitik in Deutschland und Schweden

GRIN Verlag

GRIN - Your knowledge has value

Der GRIN Verlag publiziert seit 1998 wissenschaftliche Arbeiten von Studenten, Hochschullehrern und anderen Akademikern als eBook und gedrucktes Buch. Die Verlagswebsite www.grin.com ist die ideale Plattform zur Veröffentlichung von Hausarbeiten, Abschlussarbeiten, wissenschaftlichen Aufsätzen, Dissertationen und Fachbüchern.

Besuchen Sie uns im Internet:

http://www.grin.com/

http://www.facebook.com/grincom

http://www.twitter.com/grin_com

FB: Sozialwissenschaften

FG: Politikwissenschaften

Semester: WS 2014/2015

Proseminar Familienpolitik im Vergleich

Hausarbeit

Elterngeld als Zukunftssicherung

Ein Vergleich zwischen Deutschland und Schweden

von

Angelo Poletti

31.03.2015

Inhaltsverzeichnis

Abbildungsverzeichnis

1. Gefahr erkannt, Gefahr gebannt – die nachhaltige Familienpolitik als Erfolgsgarant

Ab dem Jahr 2007 sollte alles anders werden, denn die deutsche Bevölkerung altert und schrumpft immer weiter. Seit etwa 30 Jahren befinden sich die deutschen Geburtenraten durchgehend auf einem so niedrigen Niveau, dass eine Elterngeneration nur noch zu zwei Drittel durch den eigenen Nachwuchs ersetzt werden kann (Schulz 2013, S. 539). Im Zuge der „nachhaltigen Familienpolitik" sollte durch die Einführung des Elterngeldes zum 01.01.2007 eine grundlegende Veränderung stattfinden, um neue Anreize für eine Familiengründung zu schaffen. Denn die dauerhaft niedrige Geburtenrate wirkt sich negativ auf die Wirtschafts-, Renten- und Sozialsysteme aus (Dörfler et al. 2011, S. 86).

Die vorliegende Hausarbeit beschäftigt sich mit der Familienpolitik in Schweden und Deutschland. In der extrem traditionalistischen Familienpolitik in Deutschland kämpft man seit Jahren damit, die Fertilität zu erhöhen, jedoch lange mit wenig Erfolg, denn die Geburtenraten befanden sich im Jahr 2007 mit 1,37 Kindern pro Frau auf einem konstant niedrigen Niveau. Interessant für eine vergleichende Betrachtung ist Schweden, da die dortige Gleichstellungs- und Familienpolitik im europäischen Raum, mit seiner ausgezeichneten Geburtenrate eine Vorreiterrolle einnimmt (Schreyögg 2011, S. 471).

Aufgrund dessen sollen die Länder Schweden und Deutschland auf die primären Ziele der Elterngeldreform 2007 überprüft und verglichen werden.

Zu Beginn der Hausarbeit wird die nachhaltige Familienpolitik kurz definiert, um im Anschluss das Elterngeld in Deutschland sowie in Schweden (Elternversicherung) darzustellen. Danach erfolgt ein Vergleich der beiden Länder im Hinblick auf die im vorangegangen Kapitel genannten Ziele der jeweiligen Familienpolitiken, wie das Ziel einer geschlechtergerechten Aufteilung der Erwerbs- und Sorgearbeit, ein schnellerer Wiedereinstieg in die Erwerbstätigkeit von Frauen nach der Geburt eines Kindes sowie dem übergeordneten Ziel die Geburtenrate zu erhöhen (Reimer 2013, S. 8).

Abschließend werden die Ergebnisse der Arbeit in einem kurzen Fazit zusammengefasst und ein Ausblick auf die mögliche weitere Entwicklung in diesem Politikfeld gegeben.

2. Nachhaltige Familienpolitik: Das Instrument Elterngeld in Deutschland und Schweden

Im folgenden Abschnitt wird kurz die nachhaltige Familienpolitik erläutert sowie auf das Instrument Elterngeld in Deutschland und Schweden eingegangen, das die Opportunitätskosten im Hinblick auf die Entscheidung für den Nachwuchs senken soll.

2.1 Nachhaltige Familienpolitik

In der nachhaltigen Familienpolitik spielt die Verbesserung der Vereinbarkeit von Familie und Beruf für Frauen und Männer die primäre Rolle. Es soll sowohl die Geburtenrate als auch die Erwerbstätigkeit von Frauen gesteigert werden. Eine ausreichende Kinderzahl ist notwendig, um die negativen Folgen des demographischen Wandels abzumildern. Auch die schnelle Integration der Frauen zurück in das Erwerbsleben soll einem Fachkräftemangel entgegenwirken und die Unabhängigkeit gegenüber dem Partner fördern. Traditionelle Vorstellungen ließen eine Erhöhung der Geburtenrate lediglich mit einer Reduktion der Frauenerwerbstätigkeit verbinden, jedoch zeigen europäische Länder wie Island, Schweden, Frankreich oder Norwegen, dass eine hohe Geburtenzahl sowie Erwerbsquote keine widersprüchlichen Ziele darstellen (Gruescu und Rürup 2005, S. 3).

2.2 Elterngeld in Deutschland

Das seit 1986 bestehende Bundeserziehungsgeldgesetz wurde zum 01.01.2007 innerhalb des Programms „nachhaltiger Familienpolitik" vom BEEG (Bundeselterngeld- und Elternzeitgesetz) abgelöst.

Das Ziel der alten Erziehungsgeldregelung war es, die Einkommensschwachen und Bedürftigen zu unterstützen sowie dem erhöhten Armutsrisiko, das mit der Geburt eines Kindes einhergeht, entgegenzuwirken. Aufgrund dessen war die Einkommenshöchstgrenze relativ niedrig angesiedelt, denn das maximale Jahresbruttoeinkommen eines Paares durfte nicht höher als 30.000€ sein.

Desweiteren musste mindestens ein Elternteil die Arbeitszeit auf weniger als 30 Wochenstunden reduzieren. Das Erziehungsgeld war nicht an das vorherige Einkommen gekoppelt und stellte eine Pauschalzahlung entweder in Höhe von 300€ für zwei Jahre (Regelbetrag) oder für ein Jahr in Höhe von 450€ (Budget) dar (Martinek 2010, S. 159).

Für Eltern von Kindern, die seit dem 01.01.2007 geboren wurden gelten neue Regelungen. Ziel des damals eingeführten Elterngeldes ist es, zu einer geschlechtergerechte Aufteilung von Erwerbs- und Sorgearbeit beizutragen, zu einem schnelleren Wiedereinstieg in die Erwerbsarbeit von Frauen nach der Geburt eines Kindes zu führen und dem fortbestehenden Geburtenrückgang entgegenzuwirken (Reimer 2013, S. 10).

Die Zielvorgaben einer höheren Geburtenrate und Erwerbstätigkeit von Frauen gelten seitdem als gut miteinander vereinbar. Dies kann an europäischen Vorbildländern wie beispielsweise Frankreich und Schweden untermauert werden (Schulz 2013, S. 544).

Der deutliche Kurswechsel in der deutschen Familienpolitik spiegelt sich vor allem in der finanziellen Unterstützung für Eltern nach der Geburt wider, denn die Bezugsdauer wird auf maximal 14 Monate begrenzt, in der zwei sogenannte Vätermonate eingeschlossen sind (Grunow et al. 2011, S. 400). Eine Verlängerungsoption ermöglicht allerdings die Verteilung der Ansprüche auf eine Zeitdauer von 24 statt 12, bzw. 28 statt 14 Monaten.

Da das Elterngeld einkommensabhängig berechnet wird, konnte es 2007 von fast 100% der Eltern bezogen werden, das Erziehungsgeld hingegen brachte es z.b. 2006 aufgrund der Einkommensgrenze auf lediglich 77%. Anspruch auf Elterngeld haben Mütter und Väter, die ihr/e Kind/er nach der Geburt selbst betreuen und erziehen, nicht mehr als 30 Wochenstunden arbeitstätig sind sowie mit ihren Kindern in einem Haushalt leben und einen Wohnsitz bzw. ihren gewöhnlichen Aufenthalt in Deutschland haben (BMFSFJ 2013, S. 7).

Das Elterngeld stellt im Gegensatz zum früheren Erziehungsgeld einen echten Lohnersatz dar und soll die entstehenden Einkommensverluste besser kompensieren.

Es bezieht sich auf die Höhe des monatlichen Nettoeinkommens, das die betreuende Person vor der Geburt des Kindes erwirtschaftete. Das Elterngeld wird zwischen 1.000 und 1.200 Euro mit 67% und von 1.240 Euro und mehr mit 65% des früheren Nettogehalts ersetzt. Jedoch beträgt es mindestens 300€ und maximal 1.800€ pro Monat (Personen, die dem Spitzensteuersatz unterliegen, haben keinen Anspruch auf Elterngeld). Bei Geringverdienern, die weniger als 1.000€ Netto im Monat erhielten, erhöht sich die Ersatzrate sogar schrittweise von 67% auf bis zu 100%, denn für jeden Euro, den das Einkommen unter 1.000€ lag, erhöht sich die Ersatzrate um 0,05% (700€ Nettoeinkommen = 82% Ersatz) (ebd.: 12f.).

Da das Elterngeld als Lohnersatzleistung konzipiert wurde, werden die Elterngeldansprüche für ALG II-Empfänger vollständig auf Sozialhilfe sowie auf den Kinderzuschlag angerechnet (Reimer 2013, S. 16).

Bei Mehrlingsgeburten stellt sich ein Sonderfall dar, denn für jeden Mehrling steht ein eigenständiger Elterngeldanspruch in Höhe von 300€ zu.

Auch Familien mit mehr als einem Kind können einen Geschwisterbonus erhalten. Dabei erhöht sich das Elterngeld um 10 Prozent (mindestens aber um 75€), bis das ältere Geschwisterkind, bei zwei Kindern im Haushalt, drei Jahre alt ist und bei drei und mehr Kindern, wenn mindestens zwei der älteren Geschwisterkinder - das sechste Lebensjahr - noch nicht vollendet haben (BMFSFJ 2012, S. 14).

2.3 Elternversicherung in Schweden

Die schwedische Elternzeit- und Elterngeldregelung hat eine lange Tradition, denn Schweden führte bereits 1974 als erstes Land eine Regelung ein, mit der für beide Elternteile das Elterngeld vergütet wurde. Seitdem wurde die Gleichberechtigung der Geschlechter bei der Familien- und Erwerbsarbeit vorangetrieben sowie die einkommensabhängigen Leistungen für Eltern bis heute stetig verbessert. „Dementsprechend wurde bereits seit Ende der 1960er-Jahre die Frauenerwerbstätigkeit aktiv gefördert und die Möglichkeiten der Berufstätigkeit von Müttern durch ein Bündel an gut funktionierenden familienpolitischen Maßnahmen sichergestellt (Steidle und Henkel 2010, S. 16)."

Mit dem anfangs umstrittenen Vatermonat, der 1995 eingeführt wurde, konnte ein weiterer Schritt in Richtung des egalitären Gesellschaftsmodells gemacht werden, in der eine höhere Beteiligung der Väter bei Kinderbetreuung sowie eine (Re-)Integration der Mütter in den Arbeitsmarkt gefödert werden sollte. Bereits 2002 wurde aus einem Vatermonat zwei Vätermonate und auch die anfängliche Ablehnung wich einer breiten Zustimmung in der Politik sowie der Bevölkerung (BmfSFJ 2008, S. 25-26).

Mittlerweile sind zwei Monate sowohl für den Vater, als auch für die Mutter festgeschrieben und können nicht auf den anderen Partner übertragen werden. Zusätzlich stehen jedem Vater bis zu 60 Tage nach der Geburt des Kindes zehn arbeitsfreie Werktage zur Verfügung, die mit 80% des Bruttoeinkommens vergütet werden.

Da das Elternschaftsgeld den Verlust des Einkommens durch die Geburt eines Kindes kompensieren soll, können die Eltern insgesamt 16 Monate (480 Tage) Elternzeit in Anspruch nehmen. Davon werden 13 Monate (390 Tage) mit 80% des bisherigen Bruttoeinkommens vergütet (maximal 43.483€ im Jahr), wenn der Elternteil vor der Antragstellung mindestens acht Monate (240 Tage) ununterbrochen erwerbstätig war. Für die weiteren drei Monate (90 Tage) wird für alle ein Mindestbetrag von etwa 20€ pro Tag ausbezahlt. Geringverdiende,

Arbeitslose und Studierende erhalten über den gesamten Zeitraum diesen Pauschalbetrag (Dörfler und Mühling 2011, S. 97).

Desweiteren können die Eltern die Arbeitszeit um 12,5%, 25%, 50% oder 75% verringern und dafür ein reduziertes Elternschaftsgeld bis maximal zum achten Geburtstag des Kindes nutzen.

3. Elterngeld ist nicht gleich Elterngeld: Ein Vergleich zwischen Deutschland und Schweden

In diesem Abschnitt wird das Elterngeld beider Länder miteinander auf deren Nachhaltigkeit sowie auf die Vereinbarkeit zwischen Beruf und Familie miteinander verglichen.

3.1 Geschlechtergerechte Aufteilung der Erwerbs- und Sorgearbeit

Das schwedische Modell hat gezeigt, dass mithilfe der Elternversicherung die Erwerbsbeteiligung von Frauen deutlich zunahm, da das gehaltsbezogene Elterngeld die Einkommens-verluste und sich somit auch die Opportunitätskosten senken ließ.

Deutschland sprang auf den Zug auf und verabschiedete sich vom Pauschalbetrag hin zu einem einkommensabhängigen Lohnersatz.

Auch die Maßnahme zur Gleichberechtigung der Geschlechter wurde mit dem Elterngeld übernommen. In beiden Ländern stehen zwei Monate Elternzeit ausschließlich einem Elternteil zur Verfügung. Dadurch soll einerseits die Mutter bei der Kindererziehung entlastet werden, aber auch dem Vater die Möglichkeit gegeben werden, sich aktiv zu beteiligen (Prognos AG 2005, S. 4). Denn bislang war es stets so, dass die Mutter die Kinderbetreuung in den ersten Jahren übernahm und es zu einem Ungleichgewicht in der Geschlechtergerechtigkeit kam, da eine Erwerbsunterbrechung sowohl kurz- als auch langfristige finanzielle Nachteile mit sich bringt.

Das Prinzip der neu eingeführten Partnermonate scheint aufzugehen, denn vor der Einführung des Elterngeldes nahmen weniger als vier Prozent aller Väter eine Auszeit, im Jahr 2014 waren es bereits rund 30 Prozent (Hörnlein et al. 2014, S. 1).

Im Vergleich zu Schweden besteht auch hier noch Nachholbedarf, denn dort nimmt mit 80%, die große Mehrheit der Väter die Elternzeit in Anspruch.

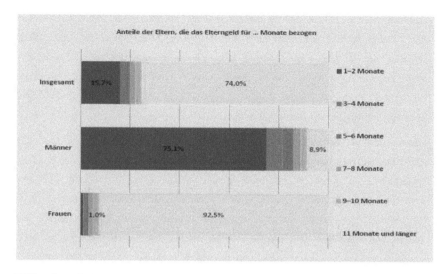

Abbildung 1: Anteile der Eltern, die das Elterngeld für ... Monate bezogen

Statistik zum Elterngeld - gemeldete beendete Leistungsbezüge 2009 (Fuchs, Stefan: Gesellschaft ohne Kinder, Wiesbaden 2014, S. 326)

Schaut man jedoch etwas genauer hin, wird in Abbildung 1 deutlich, dass dreiviertel der Väter lediglich die zwei vorgeschriebenen Partnermonate beansprucht haben, die nicht auf den Partner übertragbar sind; bei den Müttern liegt dieser Anteil bei gerade einmal einem Prozent. Über 90% der Mütter beziehen das Elterngeld für mindestens elf Monate, bei den Vätern ist der Anteil mit knapp neun Prozent viel geringer. Im Durchschnitt beziehen Väter lediglich 3,5 Monate Elterngeld, die Mütter übernehmen mit 11,6 Monaten die große Mehrheit (Fuchs 2014, S. 326). Somit kann man hier wohl kaum von einer egalitären Aufteilung von Erwerbs- und Hausarbeit sprechen, sondern lediglich von einem Zweimonatsvater, der vorzugsweise seine Elternzeit beansprucht, wenn ohnehin die Mutter zu Hause ist und dadurch auch nicht unbedingt eine Erhöhung der tatsächlichen väterlichen Kinderbetreuung einhergehen muss (Vaskovics und Rost 1999, S. 05). Jedoch kamen 67% der Frauen zu dem Entschluss, dass ihr Partner ohne die Elterngeldmonate weniger Zeit mit dem Kind verbracht hätte und 46% gehen auch davon aus, dass ihr Partner durch die Elterngeldmonate eine intensivere Bindung zu dem Kind herstellen konnte (Kluve und Tamm 2009, S. 22).

Auch bezüglich des Alters und der Bildung der Väter lässt sich eine Tendenz in Deutschland feststellen. Ältere und höher gebildete Väter (mit Abitur) wendeten weniger Alltagszeit für die Kinderbetreuung auf als jüngere und weniger gebildete (Reimer 2013, S. 80f).

Auch Schweden leidet unter dem Problem, dass immer noch die große Mehrheit der Frauen eine Vielzahl der Partnermonate für sich beanspruchen. Ein Anreiz für eine gleiche Aufteilung der Elternzeit sollte aufgrund dessen der sogenannte „Gender Equality Bonus" liefern. Denn je gleichmäßiger die Elternzeit zwischen den Partnern aufgeteilt wird, desto höher fällt der Bonus aus. Einzige Bedingung hierbei ist, dass ein Elternteil arbeitet, während der andere in Elternzeit ist (Steidle und Henkel 2010, S. 22).

Weitere positive Effekte konnte man in Schweden jedoch im Bezug auf die Scheidungshäufigkeit feststellen. Denn Familien, in welchen die Väter beim ersten Kind die Partnermonate in Anspruch genommen hatten, wiesen eine 30 prozentig geringere Scheidungswahrscheinlichkeit auf, als bei den Vätern ohne Elternurlaub (Peuckert 2012, S. 521). Hieraus könnte man schließen, dass die Partnermonate die Bindung sowie die Wertschätzung der Paare untereinander stärken, wenn beide sowohl Erwerbs- als auch Familienarbeit in voller Eigenverantwortung kennengelernt haben.

Dass die Mehrheit der Väter lediglich die Mindestbezugsdauer in Anspruch nimmt, lässt sich einfach dadurch erklären, dass der Elternteil die Erwerbsarbeit unterbricht, welcher das geringer ausfallende Einkommen zu erwarten hat. Aufgrund des ungleichen Lohnniveaus von Männern und Frauen in Deutschland und Schweden lohnt es sich für den Großteil der Familien nicht, wenn der Vater die Betreuungsarbeit übernimmt. Eine dauerhaft erhöhte Beteiligung der Väter ist erst dann zu erwarten, wenn sich die relativen Einkommen der Mütter deutlich verbessern (Reimer 2013, S. 25–31).

3.2 Wiedereinstieg in die Erwerbsarbeit

Um den Müttern die Entscheidung für einen schnellen Wiedereinstieg in das Berufsleben zu erleichtern, wurde das Elterngeld nach schwedischem Vorbild zeitlich befristet, damit eine Abhängigkeit zum Partner vermieden wird. Denn im europäischen Vergleich ist der Wiedereinstieg von Schwedinnen in das Berufsleben überdurchschnittlich hoch (Dörfler et al. 2011, S. 85).

Mit der Einführung des Elterngeldes in Deutschland haben sich die Erwerbsanreize natürlich gegenüber dem Erziehungsgeld verändert. Im ersten Lebensjahr des Kindes sinken die Erwerbsanreize vor allem für Mütter, die zuvor keinen Anspruch auf Erziehungsgeld hatten. Dadurch konnte ein weiteres Ziel erreicht werden, den Partnern vor allem zu Beginn einer Familiengründung einen finanziellen Schonraum zu schaffen, damit sich die Eltern in der Anfangsphase um ihren Nachwuchs kümmern können (Wrohlich et al. 2012, S. 45).

Für das zweite Lebensjahr des Kindes konnte der stärkste Anreizeffekt bei den Haushalten mit niedrigem Einkommen festgestellt werden, denn diese hatten nach der alten Regelung weiterhin vom Erziehungsgeld profitiert. Somit konnte auch hier das Elterngeld die gewünschte Wirkung erzielen, denn das Erziehungsgeld bewirkte für die Mehrzahl der Familien keine nachhaltige finanzielle Absicherung. Desweiteren ermöglichte sie den Eltern auch keine größere Wahlfreiheit zur Vereinbarkeit von Familie und Beruf.

Jedoch sind auch 28% der Familien durch die Elterngeldreform schlechter gestellt als zuvor, denn trotz des Mindestbetrages von 300€, haben sie bis zu 3600€ Leistungsansprüche verloren. Gut verdienende Elternpaare können hingegen bis zu 21.600€ Elterngeld erhalten, während sie zuvor keinen Anspruch auf Erziehungsgeld hatten (Fuchs 2014, S. 318ff). Dadurch wird ein überproportionaler Anteil des Gesamtbudgets an einen kleinen Bevölkerungsteil finanzstarker Haushalte investiert. Die paradoxe Verteilung der Güter soll jedoch damit ein klares Signal zugunsten einer eigenständigen Erwerbsbiographie beider Elternteile führen, in der das Armutsrisiko mithilfe der finanziellen Unabhängigkeit gegenüber des Partners im Falle einer Scheidung, Trennung und Alter vorgebeugt werden kann.

Vergleicht man jedoch Abbildung 2 und Abbildung 3 miteinander fällt auf, dass durch die Elterngeldreform lediglich die Teilzeiterwerbstätigkeit bei Müttern mit Kindern im zweiten Lebensjahr von 8 Prozent im Jahr 2005 auf rund 23 Prozent im Jahr 2010 gestiegen ist. Dies ist natürlich dadurch zu begründen, dass das Elterngeld auf 12 Monate (Erziehungsgeld 24 Monate) befristet wurde. Bei der Vollzeiterwerbstätigkeit konnte man hingegen keine signifikanten Unterschiede erkennen (Pfeiffer 2009, S. 158). Somit wurde der gewünschte Effekt einer schnelleren Wiedereingliederung in das Berufsleben erreicht, jedoch ist durch eine Teilzeitbeschäftigung keine wirkliche eigene Existenzsicherung möglich.

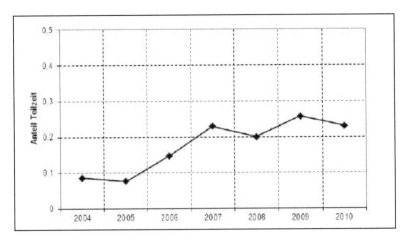

Abbildung 2: Entwicklung der Teilzeiterwerbstätigkeit bei Müttern mit Kindern im zweiten Lebensjahr
(Wrohlich, Katharina/ Berger, Eva/ Geyer, Johannes/ Haan, Peter/ Sengül, Denise/ Spieß, Katharina C./ Thiemann, Andreas: Elterngeld Monitor, Berlin 2012, S.26)

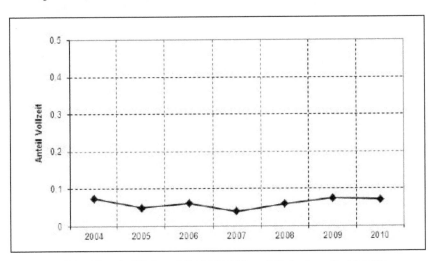

Abbildung 3 Entwicklung der Vollzeiterwerbstätigkeit bei Müttern mit Kindern im zweiten Lebensjahr
(Wrohlich, Katharina/ Berger, Eva/ Geyer, Johannes/ Haan, Peter/ Sengül, Denise/ Spieß, Katharina C./ Thiemann, Andreas: Elterngeld Monitor, Berlin 2012, S.27)

Wenn man sich die Einstellungen gegenüber einer Erwerbsunterbrechung in beiden Ländern anschaut, lassen sich auch hier deutliche Unterschiede erkennen. Denn mehr als die Hälfte der Westdeutschen sind der Meinung, dass eine Frau bereit sein sollte die Erwerbstätigkeit zu Gunsten ihrer Familien zu reduzieren. In Ostdeutschland sind nur noch 38% der Meinung und in Schweden lediglich 22% (Schreyögg 2011, S. 476).

12

Auch wenn es um die Frage geht, ob die Mutter einer Vollbeschäftigung nachgehen sollte, wenn das Kind noch nicht zur Schule geht, liegt die Akzeptanz bei den Westdeutschen mit 3% deutlich unter den neuen Bundesländern mit 15% sowie Schweden mit 19%. Die Mehrheit der Westdeutschen (56%) geht sogar davon aus, dass die Berufstätigkeit der Frau dem Familienleben insgesamt schadet. In Ostdeutschland sehen dies 33% genauso und in Schweden nur noch 25% (ebd.: 477).

Ein Viertel der deutschen Mütter mit Abitur kehren direkt nach dem Mutterschutz an ihren Arbeitsplatz zurück. Bei den Müttern mit Hauptschulabschluss und mittlerer Reife liegt der Anteil hingegen mit 15 Prozent eindeutig niedriger. Nach Ablauf der maximalen Erwerbs-unterbrechungszeit haben sich die Rückkehrraten der mittel- und hochqualifizierten Mütter einander angeglichen, lediglich die Mütter mit einer geringeren Schulbildung finden erschwert den Anschluss in die Erwerbstätigkeit.

In Schweden zeichnet sich ein anderes Extrem ab. Nach der Geburt eines Kindes unterbrechen fast alle Mütter, unabhängig von ihrem Bildungsniveau, die Erwerbstätigkeit für etwa sechs Monate. Die bildungsspezifischen Unterschiede werden erst nach Ablauf der Elternzeit erkennbar. Denn etwa zwei Jahre nach der Geburt des Kindes befinden sich bereits 86 Prozent der Mütter mit Universitätshintergrund, 82 Prozent mit mittlerer Schulbildung, aber nur 67 Prozent der Mütter mit der niedrigsten Qualifikation wieder an ihrem Arbeitsplatz (Grunow et al. 2011, S. 410).

3.3 Kinderbetreuung

Um die Chancengleichheit, den Wiedereinstieg in das Berufsleben sowie die Balance zwischen Familienleben und Arbeitswelt zu ermöglichen, war eines der Ziele, die Kinder-betreuung im Kleinkindalter für die unter Dreijährigen weiter auszubauen, denn die fehlenden Betreuungsmöglichkeiten verhindern eine frühe Rückkehr in die Berufstätigkeit. Vor allem Akademikerinnen verschieben ihren Kinderwunsch oder realisieren ihn gar nicht, da die Opportunitätskosten bei keiner oder nur eingeschränkter Erwerbstätigkeit besonders hoch ausfallen (Prognos AG 2005, S. 4). Renate Schmidt stellte fest, dass Westdeutschland einen großen Nachholbedarf habe und verwies auf Vorbilder wie Schweden und Dänemark, in denen eine quantitative und qualitative Kinderbetreuung zu finden sei (Fuchs 2014, S. 35f).

Da Umfang und Zeitpunkt des Wiedereinstiegs in die Erwerbstätigkeit eng mit der Verfügbarkeit und Nutzung von Kinderbetreuungsmöglichkeiten zusammenhängt, stellte der Bund allein bis 2014 für Investitionen und Betriebskosten 5,4 Milliarden Euro zur Verfügung, damit ab dem 01.08.2013 jedes Kind mit dem Vollenden des ersten Lebensjahres einen Rechtsanspruch auf einen Betreuungsplatz hat. Dadurch konnte sich die Betreuungsquote in den Jahren zwischen 2006 und 2014 von 13,6% auf 32,3% der unter Dreijährigen erhöhen (BmfSFJ 2015, S. 1f).

Auch Abbildung 4 zeigt, den Zusammenhang zwischen der Erwerbstätigkeit und der Kinderbetreuung eindeutig, denn im ersten Lebensjahr haben sich 78 Prozent der Eltern selbst um die Betreuung des Kindes gekümmert. Auf die Großeltern greifen immerhin 13 Prozent der Eltern halbtags oder stundenweise zurück und im zweiten Lebensjahr erhöht sich hier die Betreuung auf 28 Prozent. Im weiteren Verlauf nimmt die Betreuung der Eltern und Großeltern ab und es werden vermehrt externe Betreuungsmöglichkeiten wie die Kitas herangezogen (Duvander und Ferrarini 2013).

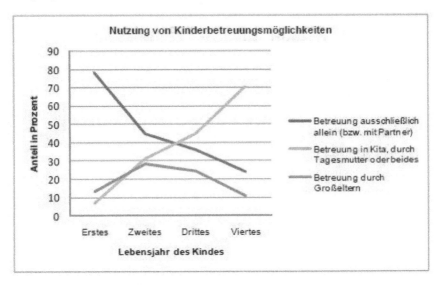

Abbildung 4: Nutzung von Kinderbetreuungsmöglichkeiten
Betreuung umfasst sowohl stundenweise Betreuung, als auch Halbtags- und Ganztagsbetreuung (Kluve, Jochen & Tamm, Marcus: Evaluation des Gesetzes zum Elterngeld und Elternzeit - Studie zu den Auswirkungen des BEEG auf die Erwerbstätigkeit und die Vereinbarkeitsplanung, Essen 2009, S. 27)

Vergleicht man hierzu im Hinblick die schwedischen Kinderbetreuungsmöglichkeiten, wirken die Deutschen immer noch sehr rückständig. Denn in Schweden gibt es Kindergärten mit 24-Stunden-Service, die auch eine Betreuung am Abend und Wochenende anbieten. Die Gemeinde zahlt den Kindergärten zwischen 1100€ und 1400€, in Deutschland setzt der sächsische Landtag sogar 1800€ pro Kind an. In Deutschland schwanken die

Kinderbetreuungskosten von Gemeinde zu Gemeinde erheblich und können in einigen Gemeinden bis zu 500€ pro Kindergartenplatz kosten. Die durchschnittlichen Kosten betragen jedoch für einen Normalverdiener etwa 70€ pro Monat (Fritz und Steinbach 2010, S. 1). In Schweden werden die Kinderbetreuungskosten einkommensabhängig berechnet. Für das erste Kind zahlen die Eltern 3% des Einkommens (maximal 126€ im Monat), für das zweite Kind 2% (maximal 84€) und für das dritte Kind 1% (maximal 42€), jedes weitere Kind ist beitragsfrei.

3.4 Fertilitätserhöhung

Obwohl die Gesamtbevölkerung in Europa im Jahr 2008 um etwa zwei Millionen gestiegen ist, schrumpfte Deutschland weiterhin. Aufgabe einer nachhaltigen Familienpolitik ist es, die Ursachen zu erkennen und anschließend zu beheben, um das primäre Ziel einer Fertilitätserhöhung zu erreichen.

Die skandinavischen Länder, wie beispielsweise Schweden, haben auch hier die Nase vorn. Im Jahr 2012 konnten sie im europäischen Vergleich mit durchschnittlich 1,91 Kindern pro Kopf, die zweithöchste Geburtenziffer erzielen. Deutschland gehört mit gerade einmal 1,38 zu den Schlusslichtern.

Obwohl der deutsche Staat rund 200 Milliarden Euro jährlich für mehr als 150 verschiedene Maßnahmen ausgibt, um Familien und Ehen zu fördern, stagnieren die Zahlen. Somit lässt sich hier eindeutig sagen, dass Geld per se keine Kinder generiert.

Trotz dieser geringen Geburtenziffer liegt der Kinderwunsch bei Männern und Frauen unabhängig von der Schulbildung bei durchschnittlich 2,20 Kindern deutlich über dem tatsächlichen Wert (Steidle und Henkel 2010, S. 13). Dies liegt vor allem daran, dass Frauen mit hohem Bildungsgrad etwa 0,4% weniger Kinder gebären, als Frauen mit niedriger oder mittlerer Bildung (Prognos AG 2005, S. 2).

	Alter der Frauen in Jahren								
	< 20	20–24	< 25	25–29	< 30	30–34	35–39	40–44	> 45	> 30
1991	3,4	22,0	25,4	39,2	64,5	25,8	8,2	1,4	0,1	35,5
1993	2,8	18,6	21,4	38,5	59,9	29,3	9,2	1,5	0,1	40,1
1995	2,6	16,2	18,8	36,4	55,1	32,4	10,8	1,6	0,1	44,9
1997	2,6	14,8	17,5	33,4	50,8	34,6	12,6	1,9	0,1	49,2
1999	2,9	15,2	18,1	29,8	47,9	35,2	14,6	2,3	0,1	52,1
2001	3,1	16,1	19,2	27,3	46,5	34,1	16,5	2,7	0,1	53,5
2003	3,0	15,9	18,8	27,4	46,2	32,0	18,4	3,3	0,1	53,8
2005	2,8	15,3	18,1	28,3	46,3	30,5	19,1	3,9	0,2	53,7
2006	2,7	14,8	17,6	28,7	46,2	30,0	19,3	4,3	0,2	53,8
2007	2,6	14,1	16,7	28,7	45,4	30,6	19,3	4,5	0,2	54,6
2008	2,4	13,6	16,1	28,5	44,6	31,4	19,0	4,8	0,2	55,4

Abbildung 5: Lebendgeborene nach Alter der Mütter, Geburtsjahrmethode 1991 – 2008

(Fuchs, Stefan: Gesellschaft ohne Kinder, Wiesbaden 2014, S. 338)

Ein Grund hierfür könnte das im Zeitverlauf gestiegene Bildungsniveau von Frauen sein, sodass die Erstgeburten erst in höherem Alter stattfinden (siehe Abbildung 5) und sich die Familiengründung nach hinten verschiebt sowie auf wenige Jahre verdichtet.

Wie sich eindeutig erkennen lässt, brachten 1991 noch 64,5% aller Frauen ein Kind mit unter 30 Jahren zur Welt. Im Jahr 2008 waren es hingegen gerade einmal noch 44,6%. Die Einführung des Elterngeldes verstärkte offenbar diesen Effekt nochmals, denn von den Jahren 2001 bis 2006 verringerte sich die Anzahl der Geburten von Müttern unter 30 Jahren lediglich um 0,3%. Schaut man sich die Zahlen nach der Reform an, stellt man fest, dass innerhalb von zwei Jahren eine Abnahme von 1,6% zu verzeichnen war. Somit wurde ein Anreiz geschaffen, Kinder erst in höherem Alter zu bekommen.

Dies liegt vor allem daran, dass Eltern in fortgeschrittenem Alter ein höheres Einkommen zu verzeichnen haben und somit von einem steigenden Elterngeld profitieren, wie man in Abbildung 6 sieht.

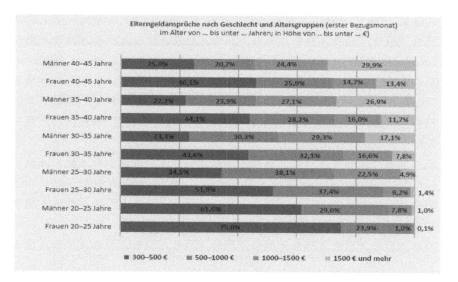

Abbildung 6: Elterngeldansprüche nach Geschlecht und Altersgruppe

Statistik zum Elterngeld – gemeldete beendete Leistungsbezüge 2009. (Fuchs, Stefan: Gesellschaft ohne Kinder, Wiesbaden 2014, S. 335)

Denn junge Mütter (75%) und Väter (61,6%) gehören im Alter zwischen 20 und 25 Jahren zum Großteil der niedrigen Bezugsgruppe an, sie erhalten lediglich 300-500€ Elterngeld monatlich. Schaut man sich hingegen die Eltern im Alter zwischen 30 und 35 Jahren an, fällt stark auf, dass sich die Elterngeldbezüge erhöhen und sich der Anteil der niedrigen Lohnersatzgruppe bei den Frauen auf 43,6% und bei den Männern auf sogar nur noch 23,3% verringert. Somit erhöht sich das Elterngeld mit Zunahme des Alters z.b. bei den Frauen von 1500€ und mehr von 0,1% (Alter 20-25 Jahre) auf bis zu 13,4% (Alter 40-45 Jahre) (Fuchs 2014, S. 336).

Die schwedischen Mütter sind bei der Geburt ihres ersten Kindes im Schnitt 28,7 Jahre alt, auch die Deutschen sind mit 29,1 Jahren nicht weit davon entfernt. Allerdings zeigt sich bei Schweden ein vergleichsweise geringer Effekt im Bezug auf die Bildung, denn hochgebildete Frauen bekommen auch in späterem Alter fast gleich viele Kinder wie Frauen mit einem niedrigerem Bildungsniveau. Grund dafür sollen das gut ausgebaute, wohlfahrtsstaatliche System und die Familienpolitik sein. Dadurch wird nochmals verdeutlicht, dass ein späteres Erstgebären der Mütter nicht mit einer geringeren Geburtenrate zusammenhängen muss (Steidle und Henkel 2010, S. 12).

Wenn man sich die Geburten im Hinblick auf die Erwerbstätigkeit der Mütter anschaut, könnte man zu dem Ergebnis kommen, dass das Elterngeld mitverantwortlich für die sinkenden Kinderzahlen sei. Durch das Elterngeld werden die traditionell lebenden Familien (Vollzeitmütter) an den Rand gedrängt, obwohl die untersuchten Frauen der Jahrgänge von 1964 bis 1968 mit 2,0 Kindern im Schnitt die höchste Geburtenrate aufwiesen. Familien, in denen beide Partner einem Vollzeitjob nachgingen, lag die Anzahl der Kinder im Schnitt lediglich bei 1,25 (Siems 2010, S. 2).

Auch mit der Anzahl der Kinder nimmt die Vollzeiterwerbstätigkeit der Mütter ab, während noch 21% der Mütter mit einem Kind Vollzeit arbeiten, gilt dies nur noch für 8% der Mütter in Mehrkindfamilien (Fuchs 2014, S. 293). Auch Abbildung 7 zeigt, dass das Elterngeld mit der Zunahme der Kinderzahl stetig abnimmt.

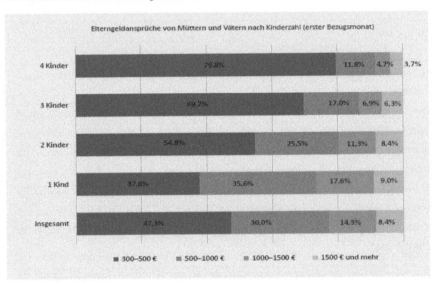

Abbildung 7: Elterngeldansprüche von Müttern und Vätern nach Kinderzahl (erster Bezugsmonat)
Statistik zum Elterngeld – gemeldete beendete Leistungsbezüge 2009 (Fuchs, Stefan: Gesellschaft ohne Kinder, Wiesbaden 2014, S. 330)

Im Jahr 2010 erhielten demnach „38% der Eltern mit einem, 55% der Eltern mit zwei, 70% der Eltern mit drei und 80% der Eltern mit vier oder mehr Kindern maximal 500€. Spiegelbildlich hierzu nehmen die Anteile der Eltern mit Ansprüchen auf 500-1000 und mehr als 1000€ deutlich ab (Fuchs 2014, S. 329)." Somit scheinen Familien mit vier und mehr Kindern häufig in wirtschaftlich prekären Verhältnissen zu leben. Auch der Anteil der Frauen, die höhere Elterngeldbeiträge (ab 750€) beziehen, sinkt mit stetiger Kinderzahl deutlich.

Somit erhalten Mehrkindfamilien erstens über kürzere Zeiträume und zweitens auch seltener höhere Elterngeldbeiträge. Familien mit lediglich einem Kind beziehen im Gegensatz dazu, häufiger höhere und längere Beiträge. Somit kann man das Elterngeld als eine Erstkindförderung bezeichnen, das Mehrkindfamilien benachteiligt.

Vergleicht man die deutschen Ergebnisse mit den schwedischen, kommt man hier zu ganz anderen Ergebnissen. Denn Paare, die das Doppelverdienermodell verfolgen, entscheiden sich nach dem ersten Kind wesentlich häufiger für weitere, als Eltern mit einer niedrigeren Schulbildung. Paare, die beide im öffentlichen Sektor Vollzeit arbeiten, weisen sogar am häufigsten ein drittes und viertes Kind auf. Somit lässt sich im familienfreundlichen Schweden, Familie und Karriere generell gut miteinander vereinbaren (Peuckert 2012, S. 440). Auch die sogenannte Geschwindigkeitsprämie soll Mütter dazu animieren weiter Kinder zu bekommen, oder Geburten vorzuziehen, da es Müttern erlaubt, dieselbe Leistungen wie für ihr vorheriges Kind in Anspruch zu nehmen, wenn zwischen den Geburten der Kinder nicht mehr als 30 Monate liegen. In dieser Zeit muss die Mutter nicht erwerbstätig sein.

Auch Deutschland griff diesen Gedanken auf, jedoch wurde er mit lediglich 12 Monaten sehr gering bemessen, sodass er zeitlich wie fisikalisch weniger großzügig gestaltet ist, als der des schwedischen Vorbildes.

4 Fazit: Geburtenboom durch Elterngeld: Realität oder Wunschgedanke

Mit der Einführung des Elterngeldes im Jahr 2007 wollte man einen weiteren Schritt zur nachhaltigen Familienpolitik erreichen. Orientiert hatte man sich dafür an den skandina-vischen Ländern wie beispielsweise Schweden, die durch ihre erfolgreichen Zahlen eine vorbildliche Position einnehmen. Es wurden diverse Elemente übernommen, um die Ziele wie eine erhöhte Erwerbsbeteiligung der Frauen, die Gleichberechtigung der Geschlechter zwischen Erwerbs- und Betreuungsarbeit und die Erhöhung der Fertilität zu erreichen.

Die Väterbeteiligung konnte sich von unter fünf Prozent auf bereits rund 30% erhöhen. Schwedische Werte, die sich im 80prozentigen Bereich abspielen, konnte man leider noch nicht erreichen, jedoch kam man dem übergeordneten Ziel der Gleichstellung einen Schritt näher. An der gerechten Aufteilung des Elterngeldes müssen beide Länder noch stark arbeiten, obwohl in Schweden bereits durch den „Gender Equality Bonus" ein Anreiz geschaffen wird, nimmt die Mehrzahl der Männer lediglich die vorgeschriebenen zwei Partnermonate in Anspruch, die nicht übertragbar sind.

Mit der Einführung des Elterngeldes konnte eine leichte Erhöhung der Erwerbsbeteiligung von Frauen ein Jahr nach der Geburt festgestellt werden, wobei sich die meisten für eine Teilzeiterwerbstätigkeit entscheiden. Eine Zunahme der Vollzeiterwerbstätigkeit konnte man nicht erkennen. Ermöglicht hat dies zum einen die Verbesserung der Kinderbetreuungs-möglichkeiten, sodass jedes Kind mit vollenden des ersten Lebensjahrs einen Rechtsanspruch auf einen Kita Platz hat. Im Vergleich dazu fällt die Erwerbsbeteiligung von Müttern in Schweden immer noch höher aus, wobei zusätzlich die familiäre Betreuungszeit kürzer ist. Dies liegt vor allem auch daran, dass bereits 45,3% der Kinder unter drei Jahren eine öffentliche Betreuung in Anspruch nehmen. In Deutschland sind es hier lediglich 13,6%.

Eine Steigerung der Geburtenrate konnte man nach der Einführung des Elterngeldes nicht feststellen. Die totale Fertilität befindet sich mit 1,4 immer noch auf einem vergleichsweise niedrigen Niveau. Jedoch konnte eine Veränderung des Alters bei den Eltern beobachtet werden, denn sie waren durchschnittlich älter, besaßen ein hochgradigeres Bildungsniveau und hatten ein höheres mittleres Einkommen. Dadurch konnte bei den Akademikerinnen, die eine besondere Zielgruppe des Elterngeldes darstellen, der Geburtenrückgang gestoppt werden (Reimer 2013, S. 65). Partner, die sich in niedrigeren Einkommensgruppen befinden, bietet das Elterngeld keinen zusätzlichen Anreiz. In Schweden konnte man auch keine Steigerung der Fertilität erkennen, jedoch spielt dies eine untergeordnete Rolle, da sich das Geburtenniveau mit 1,9 bereits auf einem sehr hohen europäischen Niveau befindet.

Aus momentaner Sicht ist eine weitere Erhöhung der Väterbeteiligung eher schwierig, da sich dafür grundlegend die wirtschaftliche Lage verändern müsste. Den Anreiz der Schweden, mithilfe des Gender Equality Bonus für eine gerechtere Aufteilung der Elterngeldbezugsdauer zu setzen versuchte, ist ein Schritt in die richtige Richtung. Jedoch müsste die Prämie großzügiger gestaltet sein, damit die Väter auch wirklich die Hälfte der Zeit für sich beanspruchen.

Um eine Erhöhung der Vollzeiterwerbstätigkeit bei den Müttern nach der Geburt zu erreichen, müsste wohl in Westdeutschland ein grundlegender Wandel stattfinden, denn wie sich bereits zeigte, ist die Akzeptanz für eine Vollzeiterwerbstätigkeit, wenn das Kind noch nicht in die Schule geht, lediglich bei 3%.

Der Trend zeigt eindeutig, dass Mütter immer später Kinder bekommen, denn bereits heute hat jedes vierte Baby eine Mutter im Alter über 40 Jahren. Diese Frauen entscheiden sich vorzugsweise erst für eine Karriere und anschließend für Kinder, jedoch bietet die Schwangerschaft im fortgeschrittenen Alter auch diverse Risiken. Dieser Effekt wird durch den prozentualen Lohnersatz des Elterngeldes nochmals verstärkt, da mit dem Alter auch das Einkommen steigt. Darüber hinaus stellt das Elterngeld eher eine Erstkindförderung dar, sodass Mehrkinderfamilien in geraumer Zeit eine Ausnahme darstellen werden. Denn der Mehrwehrt liegt, vor allem bei den Besserverdienern, die jedoch im Verhältnis die wenigsten Kinder bekommen. Für den Durschnittsverdiener ergeben sich kaum positive Anreize, Gernigverdiener werden, aber durch das neue Elterngeld benachteiligt. Hier stellt sich die Frage: „Warum dem Staat nicht jedes Kind und jede Erziehungsleistung gleichviel Wert ist?" Familien mit einem sehr geringen oder keinem Erwerbseinkommen, müssten aufgrund dessen noch besser gefördert werden.

Um die Fertilität zu erhöhen, sollte notwendigerweise, nicht nur die Kinderlosigkeit in den Kreisen der Besserverdiener bekämpft werden, da diese lediglich einen geringen Teil ausmachen, dagegen sollte jedoch die zweite, dritte und vierte Geburt mehr gefördert werden. Hierzu müsste die Politik die Rahmenbedingungen verändern, sowie weitere Anreize für die Mehrheit der Bevölkerung schaffen, damit das Armutsrisiko bei Mehrfachmüttern und Erwerbslosen vermindert wird. Denn eine Geschwindigkeitsprämie, die momentan auf lediglich 12 Monate festgesetzt ist, hilft so gut wie niemandem.

5 Literaturverzeichnis

BmfSFJ (2013): Elterngeld und Elternzeit. Das Bundeselterngeld- und Elternzeitgesetz. 12. Aufl. Deutschland. Berlin.

BmfSFJ (2008): Das Gesetz zum Elterngeld und zur Elternzeit im internationalen, insbesondere europäischen Vergleich. Berlin.

BmfSFJ (2015): Gute Kinderbetreuung. Online verfügbar unter http://www.bmfsfj.de/BMFSFJ/Kinder-und-Jugend/kinderbetreuung.html, zuletzt geprüft am 25.03.2015.

Dörfler, Sonja; Mühling, Tanja (2011): Familienpolitik in Schweden. In: Tanja Mühling und Johannes Schwarze (Hrsg.): Lebensbedingungen von Familien in Deutschland, Schweden und Frankreich. Ein familienpolitischer Vergleich. Opladen [u.a.]: Budrich, S. 85–101.

Duvander, Ann-Zofie; Ferrarini, Tommy (2013): Schwedens Familienpolitik im Wandel. Vergangenheit, Gegenwart, Zukunft. Friedrich-Ebert-Stiftung. Berlin.

Fritz, Dagmar; Steinbach, Oliver (2010): Gebühren- Monitor 2010. Das kosten Kindergärten in Deutschland. Stern (Hrsg.). Online verfügbar unter http://www.stern.de/familie/gebuehren-monitor-2010-das-kosten-kindergaerten-in-deutschland-1566937.html, zuletzt geprüft am 25.03.2015.

Fuchs, Stefan (2014): Gesellschaft ohne Kinder. Woran die neue Familienpolitik scheitert. Wiesbaden: Springer VS.

Gruescu, Sandra; Rürup, Bert (2005): Nachhaltige Familienpolitik. Essay. In: *Aus Politik und Zeitgeschichte : APuZ* 55 (23/24), S. 3–6.

Grunow, Daniela; Aisenbrey, Silke; Evertsson, Marie (2011): Familienpolitik, Bildung und Berufskarrieren von Müttern in Deutschland, USA und Schweden. In: *Kölner Zeitschrift für Soziologie und Sozialpsychologie* 63 (3), S. 395–430.

Hörnlein, Katrin; Schmitt, Stefan; Scholter, Judith (2014): Die Zweimonatsväter. Das Elterngeld schafft nicht mehr Gleichberechtigung. Woran liegt das? 2014, 13.06.2014 (23), S. 1–2. Online verfügbar unter http://www.zeit.de/2014/23/zweimonatsvaeter-elternzeit/komplettansicht, zuletzt geprüft am 24.03.2015.

Kluve, Jochen; Tamm, Marcus (2009): Evaluation des Gesetzes zum Elterngeld und zur Elternzeit. Studie zu den Auswirkungen des BEEG auf die Erwerbstätigkeit und die Vereinbarkeitsplanung ; Endbericht ; Studie im Auftrag des Bundesministeriums für Familie, Senioren, Frauen und Jugend. Essen: RWI.

Martinek, Hanne (2010): Die Einführung des Elterngeldes. Ermöglichung der finanziellen Unabhängigkeit für (alle) Frauen. In: Diana Auth, Eva Buchholz und Stefanie Janczyk (Hrsg.): Selektive Emanzipation. Analysen zur Gleichstellungs- und Familienpolitik. Opladen, Farmington Hills, Mich.: Budrich (Politik und Geschlecht, Bd. 21), S. 151–173.

Peuckert, Rüdiger (2012): Familienformen im sozialen Wandel. 8. Aufl. 2012. Wiesbaden: VS Verlag für Sozialwissenschaften.

Pfeiffer, Ulrich (2010): Familienpolitik- weniger Ungleichheit, mehr Geburten. Pfeiffer, Ulrich (Hrsg.): Eine neosoziale Zukunft. 1. Aufl. Wiesbaden: VS Verl. für Sozialwissenschaften., S. 150- 167.

Prognos AG (2005): Elterngeld und Elternzeit (Föräldraförsäkring och föräldraledighet). Ein Erfahrungsbericht aus Schweden. Unter Mitarbeit von Institute for Future Studies. Basel.

Reimer, Thordis (2013): Elterngeld. Analyse der Wirkungen. Wiesbaden: Springer VS (SpringerLink : Bücher).

Schreyögg, Astrid (2011): Was begünstigt die berufliche Ungleichheit von Frauen und Männern in Deutschland? In: *Organisationsberat Superv Coach* 18 (4), S. 471-478.

Schulz, Susanne (2013): Familienpolitik und die "demografische Chance". In: *Familie und Staat; PROKLA Zeitschrift für kritische Sozialwissenschaft* 43. Jahrgang (173), S. 539–561.

Siems, Dorothea (23.11.10): Großfamilien sind die Verlierer. Hg. v. Die Welt. Online verfügbar unter http://www.welt.de/print/die_welt/politik/article11164677/Grossfamilien-sind-die-Verlierer.html, zuletzt geprüft am 25.03.2015.

Steidle, Hanna; Henkel, Melanie (2010): Wohlfahrtsstaatliche EInflussfaktoren auf die Geburtenrate in europäischen Ländern. Evidenzen aus Schweden, Finnland, Norwegen und Frankreich. Berlin.

Vaskovics, László A.; Rost, Harald (1999): Väter und Erziehungsurlaub. Stuttgart: W. Kohlhammer (Schriftenreihe des Bundesministeriums für Familie, Senioren, Frauen und Jugend, Bd. 179).

Wrohlich, Katharina; Berger, Eva; Geyer, Johannes; Haan, Peter; Sengül, Denise; Spieß, C. Katharina; Thiemann, Andreas (2012): Elterngeld Monitor. Deutschen Institut für Wirtschaftsforschung. Berlin.